Máscara Veneciana
Libro Para Colorear

© 2015 por Avon Coloring Books

Todos los derechos reservados. Ninguna parte de esta publicación puede ser copiada o reproducida en ningún formato, ni bajo ningún medio, ya sea electrónico o de otro tipo, sin el consentimiento previo de su autor o su casa de publicación.

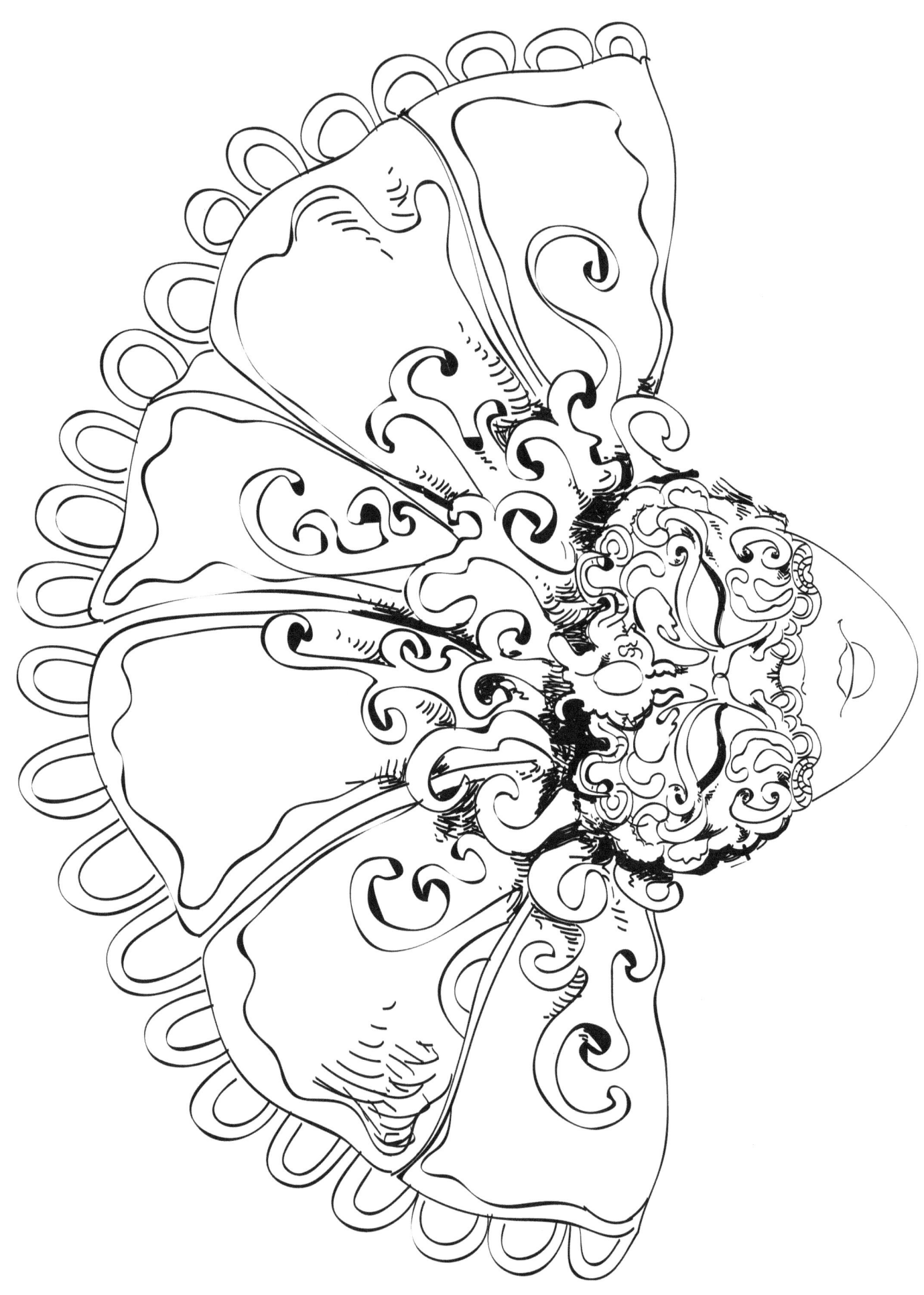

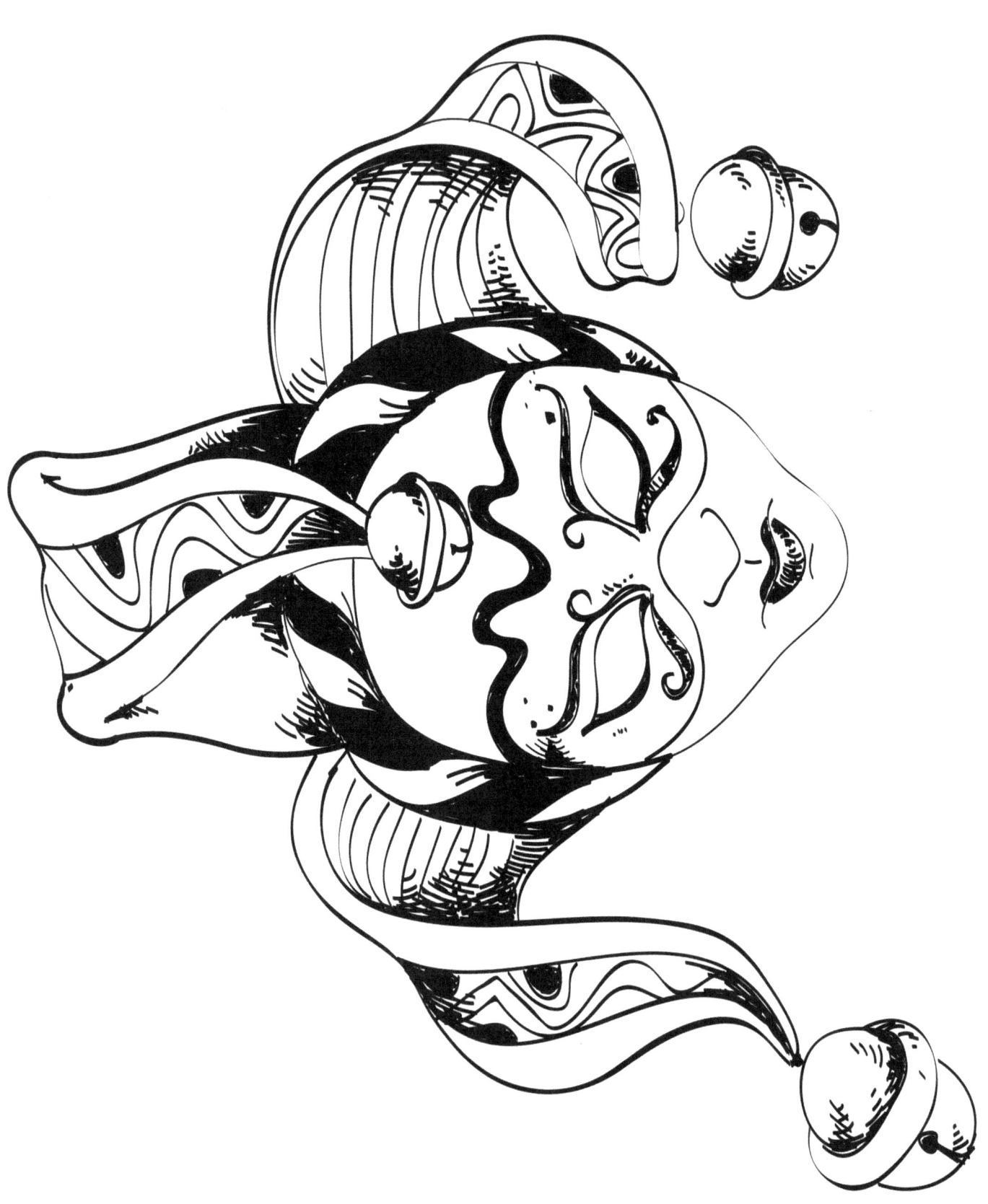

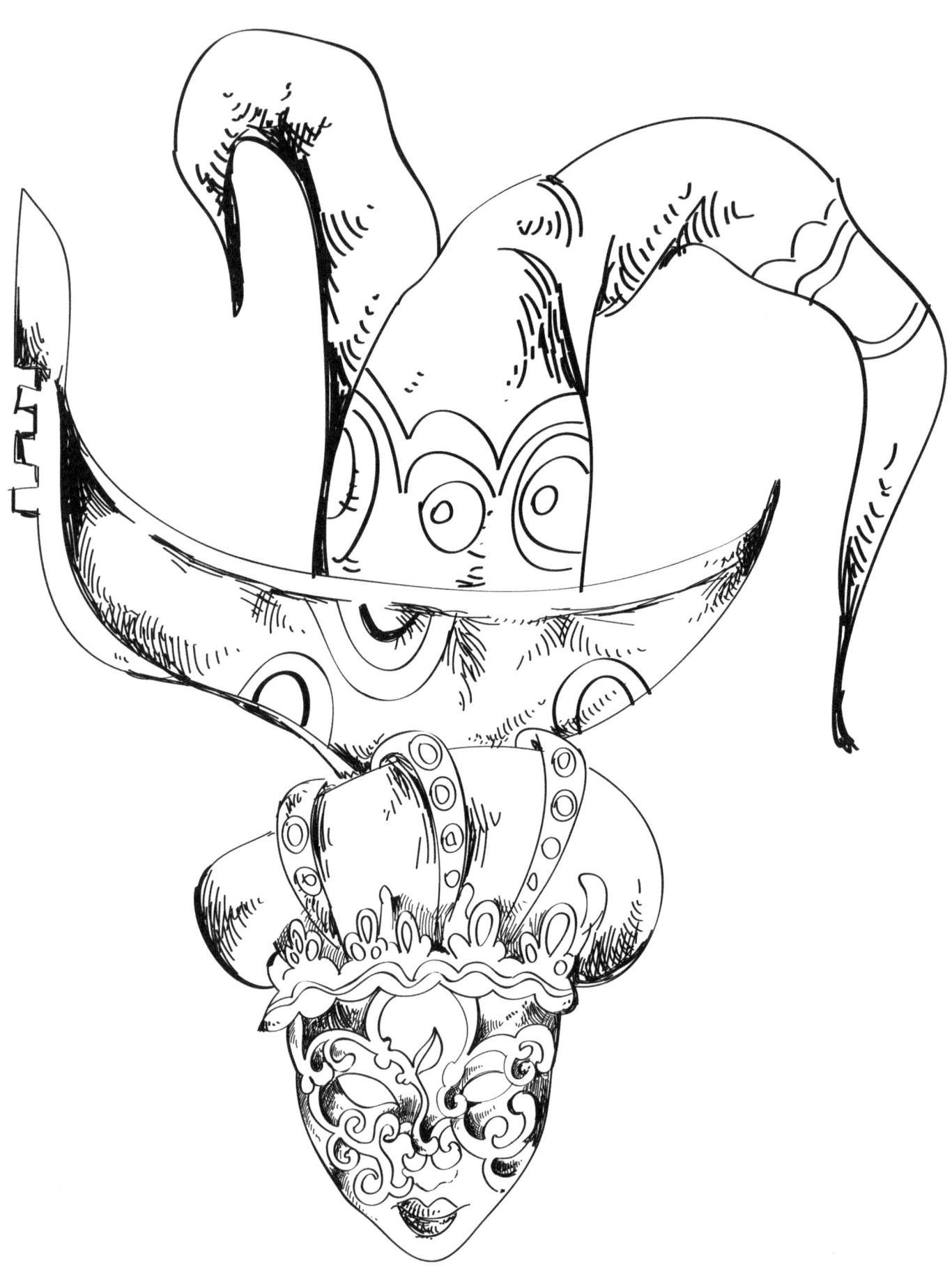

www.ingramcontent.com/pod-product-compliance
Lightning Source LLC
LaVergne TN
LVHW081548060526
838200LV00048B/2254